AF595207

DE LA NÉCESSITÉ ET DE L'UTILITÉ

D'UN

TRIBUNAL DE COMMERCE

A ROUBAIX

PAR

C. HINDRÉ

(Avocat).

ROUBAIX

IMPRIMERIE DE A. LESGUILLON, LIBRAIRE-ÉDITEUR.

1866

De la nécessité et de l'utilité d'un Tribunal de Commerce à Roubaix

La Chambre consultative des arts et manufactures de Roubaix ayant, dans une de ses séances, émis le vœu de voir établir dans notre ville un tribunal de commerce, nous croyons qu'il est nécessaire, en présence des intérêts considérables que cette création satisferait, d'examiner d'abord la nécessité, puis l'utilité de cette juridiction, et d'appuyer la proposition que la Chambre, à l'unanimité, a l'intention d'adresser à M. le ministre du commerce.

La multiplicité des transactions commerciales de toute nature faisant surgir de nombreux débats, dont la solution doit être prompte pour être utile, a donné naissance à la juridiction consulaire.

L'éloge qui a été fait de tous temps de cette institution et des juges qui en ont fait partie, éloge que tout le monde sait, nous dispense d'entrer dans de grands détails sur ce point. Il me suffit d'indiquer que tous les auteurs qui ont commenté le droit commercial sont unanimes pour décrire l'enthousiasme des populations des villes où ces juridictions furent successivement établies.

Et d'où venait cet amour des populations pour cette juridiction ?

Pourquoi a-t-on cherché à l'étendre partout où les intérêts commerciaux étaient considérables ?

Ce fut pour écarter des contestations commerciales les formes pénibles et lentes de la procédure ordinaire ; ce fut enfin pour empêcher les procès de devenir immortels, suivant l'expression des docteurs.

En effet, qu'a-t-il fallu, que faut-il pour le commerce ?

Une juridiction prompte, simple comme ses opérations, exempte de frais et de formalités, rapide comme le mouvement des affaires, et pour que cette juridiction ait ces caractères, il faut que les juges soient initiés aux usages commerciaux, qu'ils décident selon leur conscience, selon la bonne foi et l'équité.

Du reste, qui est plus à même de statuer sur les différents qui s'élèvent entre les commerçants d'une localité que les commerçants mêmes de cette localité ! La plupart se connaissent ; on sait les règles qui président à leurs relations ; leur manière d'agir avec leurs clients ; leur honorabilité ; jusqu'à un certain point leur position de fortune.

En cette matière, les commerçants ne forment qu'une seule et même famille, et décident mieux seuvent que le plus profond jurisconsulte.

J'ajoute que la juridiction, pour qu'elle soit simple dans ses opérations et statue sans délai sur les contestations, doit fonctionner au lieu même où elles s'élèvent, où s'agitent en un mot tous les intérêts commerciaux.

Eh bien, je dis que cette condition de célérité et de promptitude de juridiction ne peut pas se rencontrer pour les roubaisiens, justiciables du tribunal de commerce de Lille. En effet, comment est-il possible à un tribunal dont le ressort comprend trois grandes villes surtout, et qui renferme une population de 350 mille âmes, de juger promptement les mille et une contestations commerciales qui divisent journellement les commerçants dans chacune d'elles seulement? Et ce ne sont pas toujours des difficultés graves qu'il faut aplanir, ce sont souvent des difficultés ordinaires qu'il est nécessaire de juger rapidement.

Alors quels frais pour les commerçants qui doivent aller à Lille! C'est aussi la perte d'un temps qui serait consacré utilement aux affaires, et dont ils ont lieu de se repentir quelquefois. Car dans le commerce, on le sait, le temps c'est de l'argent.

Ah! si Roubaix avait une population stationnaire, à la rigueur sans doute, le tribunal de commerce de Lille pourrait suffire; mais en présence d'une augmentation continue et journalière, les intérêts deviennent plus nombreux, plus pressants, et ces intérêts il est d'une bonne politique de les satisfaire promptement.

Or, si on consulte le tableau suivant qui indique le chiffre de la population, des affaires de Roubaix et des environs, le nombre des causes litigieuses qui ont été soumises en 1865 au tribunal de commerce de Lille, on comprendra que la multiplicité de ces causes empêche la justice d'être rendue avec toute la célérité désirable.

Population

Roubaix pour son canton . .	94,000
Tourcoing pour ses 2 cantons.	80,000
Lannoy pour son canton. . .	29,000
Habitants. . .	203,000

Chiffre d'affaires en 1865

Roubaix.	450,000,000
Tourcoing	210,000,000
Lannoy	12,000,000
Total .	672,600,000

Causes litigieuses soumises en 1865 *au Tribunal de Lille*

Roubaix.	461
Tourcoing	238
Lannoy	22
	721 causes

On me dira peut-être, mais pourquoi ne pas créer aussi un tribunal civil?

Les affaires civiles sont-elles moins nombreuses que les autres ?

Sans doute, pour donner satisfaction à tous les intérêts, il serait à désirer qu'on établit aussi dans notre ville un tribunal de première instance ; mais en attendant que la force des choses nécessite cette création, je ferai remarquer à ceux qui seraient tentés de faire cette objection que les affaires civiles exigent plus de connaissances juridiques de la part des juges, plus d'aptitude en un mot, et qu'en général, elles ne présentent pas ce caractère de promptitude qui est de l'essence des juridictions commerciales.

Cela dit, qu'on me permette de faire une digression.

On parle beaucoup de décentralisation depuis quelque temps : on cherche à enlever au pouvoir central la décision des affaires locales. Ainsi une loi récente sur les conseils généraux a augmenté d'une façon notable les attributions de ces conseils ; on va augmenter aussi celles des conseils municipaux, et on a raison, car les départements, les communes sont plus à même que l'état de veiller à leurs propres intérêts.

Puisqu'on décentralise en fait d'administration, il serait bon aussi de décentraliser au profit de la justice exceptionnelle, en créant des tribunaux de commerce là où la nécessité l'exige, en augmentant la compétence des juges-de-paix de toutes les affaires de moindre importance dont la décision appartient aux tribunaux civils ; on éviterait par ce moyen les lenteurs, les retards qui sont toujours regrettables, et on ajouterait une force de plus à cette justice paternelle qui rend de si grands services et qui est, à juste titre, si populaire dans le pays.

Je me résume sur ce premier point.

En ce qui concerne les intérêts commerciaux, ce que nous demandons pour le moment seulement, c'est un tribunal de commerce à Roubaix.

Et pourquoi notre ville ne l'aurait-elle pas ?

Ne sommes-nous pas en droit de demander cette faveur accordée à tant d'autres cités infiniment moins importantes que la nôtre?

Et puis le moment est bien choisi.

La ville vient de contracter un emprunt pour l'exécution de divers travaux d'utilité publique ; qu'elle demande l'autorisation de consacrer une faible partie de ces ressources à l'établissement d'un tribunal de commerce ; c'est le meilleur service qui pourrait être rendu à nos concitoyens.

Je n'ai présenté que des considérations générales sur la nécessité d'établir un tribunal de commerce dans notre ville; je vais démontrer maintenant, l'utilité de cette création, en parcourant brièvement les principaux actes de commerce qui se font à Roubaix.

En principe tous les commerçants et tous ceux qui font un acte quelconque de commerce sont justiciables du tribunal de commerce. Or, plus le nombre des commerçants est considérable, plus le nombre des actes est considérable et varié. Pour ne parler que de la vente et de l'achat des cotons, des laines, des fils et de toutes les matières premières indispensables pour la fabrication des tissus, une contestation vient-elle à s'élever sur la nature, la qualité, le poids de la marchandise, l'interprêtation de l'acte, elle est jugée par le tribunal de commerce, et elle devrait l'être de suite, car le moindre retard entrave souvent la marche des affaires d'un fabricant. Maintenant lorsque ce dernier n'a pas fait le nombre de pièces de tissus qu'il s'était engagé à fournir, ou bien lorsqu'on rencontre des défauts, lorsqu'elles n'ont pas la longueur ni la dimension voulues, que faut-il faire ? S'adresser aux juges qui statueront. Mais qui pourra mieux juger que celui-là même qui fait les mêmes articles, qui connait les tissus qui se fabriquent dans la localité, qui emploie les mêmes ouvriers ?

Pour fabriquer, il faut louer l'industrie d'un grand nombre d'ouvriers. Il arrive souvent que des différents surgissent entre eux et leurs patrons ; ces différents sont jugés en partie du moins par le conseil des prud'hommes ; je dis en partie, car la compétence de ces conseils est restreinte. Les contestations d'égaux à égaux, de fabricants à fabricants, d'ouvriers à ouvriers ne rentrent pas dans leurs attributions. Ainsi ils ne peuvent connaître d'une contestation entre deux fabricants indépendants l'un de l'autre, notamment entre un fabricant de draps et un filateur, lorsque le premier ayant donné des laines à filer, se plaint de la manière dont le travail a eté exécuté. La règle est la même si la contestation existe entre un fabricant et un ouvrier avec lequel il a traité à forfait et qui travaille à ses pièces ; entre eux, les rapports ne sont plus ceux d'un chef avec son subordonné. Les prud'hommes seraient également incompétents pour connaître des contestations qui s'élèveraient entre un marchand-fabricant et un chef d'atelier, au sujet du travail d'ouvriers employés dans la branche d'industrie qu'ils exploitent respectivement avec une complète indépendance l'un de l'autre ; l'ouvrier de l'un n'est pas le subordonné de l'autre.

Ces conseils forment encore des juridictions exceptionnelles et spéciales, dont la compétence est définie par l'acte même d'institution de chaque conseil ; et ils ne peuvent connaître que des contestations relatives à l'industrie exercée par les membres dont ces conseils sont composés. Ainsi un conseil composé de fabricants de tissus ne peut connaitre d'une contestation qui s'agite entre un entrepreneur de bâtiments et un chef d'atelier étrangers l'un et l'autre à la composition et par conséquent à la juridiction du conseil.

Les énonciatiations du décret d'institution doivent être considérées comme essentiellement limitatives et non seulement comme énonciatives ; elles fixent les limites de la juridiction du conseil, aussi bien que le cercle des personnes parmi lesquelles pourront être choisis ses membres. De plus, la juridiction des prud'hommes extrêmement limitée quant aux personnes et aux matières est également restreinte dans des bornes très étroites quant aux lieux ; cette juridiction ne peut s'étendre aux individus travaillant dans des fabriques établies hors du lieu même où a été institué le conseil.

Par suite de la juridiction limitée de ces

conseils, une demande en dommages-intérêts formée par un fabricant contre un autre fabricant pour avoir occupé un ouvrier sorti de chez lui sans congé d'acquit des engagements contractés n'est pas de leur compétence.

Je ne veux pas entrer dans la procédure de cette institution ; ce serait un hors-d'œuvre inutile ; on comprendra, par le rapide aperçu que je viens d'en donner, l'utilité d'établir une autre juridiction plus grande à Roubaix où s'élèvent tant de contestations de la nature de celles que je viens d'indiquer

Des différents surgissent encore entre les propriétaires et les entrepreneurs de maisons, d'usines. L'entrepreneur est-il en retard d'exécuter les constructions entreprises ? Les constructions ne présentent-elles pas toute la solidité désirables ? Ces points de fait sont éclairés au besoin par un rapport d'experts qui facilite la décision que les tribunaux de commerce sont très souvent appelés à rendre ; ce serait un grand avantage pour l'entrepreneur et le propriétaire d'être jugés par leurs égaux, d'obtenir une justice prompte et économique.

On sait ce que c'est qu'un commissionnaire; c'est celui qui contracte pour le compte d'autrui, mais en son nom. Il n'y a de contrat de commission qu'autant que celui qui est chargé de l'affaire traite en son propre nom. Ce contrat est susceptible d'une très vaste application. Dans l'usage, ou distingue plusieurs sortes de commissionnaires. Les uns par exemple, sont chargés d'acheter des marchandises pour le compte des commettants, ce sont les commissionnaires acheteurs ; les autres sont chargés de vendre des marchandises pour le compte des propriétaires, ce sont des commissionnaires vendeurs.

Les obligations du commissionnaire envers le commettant varient selon l'objet, la nature et les termes de la commission, cependant il y a des règles générales qui régissent ces obligations dans toute espèce de commission.

Enonçons sommairement les principales.

Le commissionnaire est obligé d'exécuter avec ponctualité la commission qu'il a acceptée, sinon, il devient responsable vis-à-vis du commettant. Il doit, à peine de dommages-intérêts, continuer sa gestion jusqu'à l'accomplissement de l'opération.

Le commissionnaire étant tenu d'exécuter fidèlement et loyalement la commission dont il est chargé, des difficultés peuvent se présenter sur l'exécution de cette commission : tantôt il n'aura pas acheté au prix convenu, tantôt il n'aura pas pris les renseignements qu'il aurait dû prendre, etc. Le commettant qui éprouve un préjudice pourra réclamer des dommages-intérêts. Eh bien, qui les évaluera ? Qui sera juge de la question de savoir si le commissionnaire a agi avec bonne foi ? Le tribunal de commerce. Or ce ne sont pas les commissionnaires qui manquent à Roubaix, et les contestations, je ne crains pas de le dire, doivent être en raison directe du nombre des commerçants.

En matière de société, l'utilité de la compétence exceptionnelle est encore évidente dans une localité où des associations se forment pour exploiter tous les genres d'industrie et de commerce. Les tribunaux de commerce sont juges de toutes les questions préjudicielles sur l'existence de la société, sa nature ou la qualité des associés ; ils sont compétents pour statuer sur les contestations qui s'élèvent entre la société et les tiers et pour la nomination des arbitres dans la liquidation de la société.

Je ne terminerai pas ce travail sans signaler encore cette foule d'écrits, de traités, de billets, de chèques qui donnent matière à bien des différents, à bien des difficultés qui sont de la compétence des juridictions consulaires.

Je n'ai parlé que des principaux commerçants de la localité ; j'en omets une foule d'autres qui ont besoin tous les jours de recourir au tribunal de commerce et qui obtiendraient prompte justice si cette juridiction était établie à Roubaix.

Il faudrait écrire un volume pour expliquer en détail chaque acte de commerce séparément ; il suffirait du reste pour se convaincre de l'importance de la plupart de ces actes de suivre le cours public de droit commercial que je fais toutes les semaines à la mairie de Roubaix ; on y verrait, en outre, que ce ne sont pas toujours les commerçants qui font des actes de commerce, mais quelquefois aussi les particuliers, et qu'alors, suivant les circonstances, ils sont justiciables du tribunal de commerce.

Espérons que ce résumé très court fera comprendre à tous les intéressés et à tous ceux que le bien public anime la nécessité et l'utilité d'un tribunal de commerce à Roubaix.

(Extrait de l'*Echo de Roubaix*, juin 1866.)

www.ingramcontent.com/pod-product-compliance
Lightning Source LLC
LaVergne TN
LVHW050232180726
843501LV00013BB/3762

* 9 7 8 2 3 2 9 6 2 8 3 4 9 *